DU
DROIT DE JUVEIGNERIE

(BOROUGH-ENGLISCH)

ET DE

SON ORIGINE PROBABLE

PAR

LE BARON ERNOUF

(Extrait de *LA FRANCE JUDICIAIRE*)

PARIS

A. DURAND et PEDONE-LAURIEL, Éditeurs,

LIBRAIRES DE LA COUR D'APPEL ET DE L'ORDRE DES AVOCATS

G. PEDONE-LAURIEL, SUCCESSEUR

13, rue Soufflot, 13.

1883

DU

DROIT DE JUVEIGNERIE

(BOROUGH-ENGLISCH)

ET DE

SON ORIGINE PROBABLE

PAR

LE BARON ERNOUF

(Extrait de *LA FRANCE JUDICIAIRE*)

PARIS

A. DURAND et **PEDONE-LAURIEL**, Éditeurs,

LIBRAIRES DE LA COUR D'APPEL ET DE L'ORDRE DES AVOCATS

G. PEDONE-LAURIEL, Successeur

13, rue Soufflot, 13.

—

1883

DU DROIT DE JUVEIGNERIE

(BOROUGH-ENGLISH)

ET DE

SON ORIGINE PROBABLE

Dans son important ouvrage, *Origins of English History* [1], « la meilleure introduction à l'histoire d'Angleterre qui ait paru jusqu'à ce jour, » M. Ch. Elton a consacré un chapitre entier à l'un des points les plus curieux et les plus obscurs de l'ancien droit coutumier. C'est le droit de *Juveignerie*, contre-partie absolue du droit d'aînesse, et auquel l'écrivain anglais attribue avec beaucoup de vraisemblance une origine préceltique et préhistorique. Cet usage a longtemps existé dans un grand nombre de localités françaises et anglaises, et il en reste encore çà et là quelques traces. Il n'est pas d'ailleurs, tant s'en faut, particulier à la France et à l'Angleterre. On l'a retrouvé dans plusieurs bourgs et villages des Pays-Bas, de l'Allemagne rhénane, en Hongrie, sur le littoral de la Baltique, dans les montagnes de l'Oural et l'Asie centrale (lieu probable de son origine), et jusque chez les Maoris dans la Nouvelle-Zélande.

Nous allons résumer, en quelques pages, les investigations fort importantes et sur certains points absolument nouvelles de M. Elton, sur cette coutume singulière, qui semble remonter à une plus haute antiquité que le droit d'aînesse, et provient d'une source toute différente. Il y a là un problème des plus difficiles, dont la solution ne serait pas moins intéressante pour la philosophie du droit que pour l'ethnologie.

Le plus ancien texte relatif à cette coutume est celui qui fait partie du code gallois d'Howell le Bon (Xe siècle). « Si le défunt laisse plusieurs fils, au dernier né revient l'habitation ou manoir principal avec ses dépendances (*Tyddyn*, Dwellinghouse), comme aussi *la coignée, le chaudron et le soc de la charrue,* car le père de famille ne peut disposer de ces trois objets au préjudice de son fils puîné ; eussent-ils été mis en gage, ils demeurent inaliénables. » C'est principalement sur ce texte que M. Elton s'appuie pour

---

1. Londres, *B. Quaritch,* 1882, 1 vol. gr. in-8° avec 10 planches.

faire remonter l'institution du *Junior-Right* aux temps préhistoriques. Il est évident, en effet, que cette réserve si absolue, cette espèce d'immobilisation de trois objets domestiques d'absolue nécessité, doit se rapporter à une époque où ils ne pouvaient être remplacés facilement, l'emploi des métaux étant encore peu répandu, c'est-à-dire vers le commencement de l'âge du bronze.

I. Le plus ancien texte après celui d'Howell, est un passage du Coutumier de Kent (XIIIe siècle), dans lequel sont consignés les usages du pays avant comme depuis la conquête normande : « *Que furent devant le conquest et en le conquest et totes heures juske en çà* [1]. » Ce texte constate un singulier essai de transaction entre les deux privilèges contradictoires de l'aîné et du puîné. S'il y a plusieurs fils, l'héritage est partagé entre eux par *ouale* (égales) portions, « entre les females si nul madle (mâle) ne soit. » L'aîné a la *primeire electioun*, et les autres « après par degré. » Les chambres du *mesuage* (manoir) sont également réparties entre eux, mais le *astre* (âtre, *Hearth*, foyer) demeurera *al puné* (au puîné) ou *al punée*. S'il y a plusieurs habitations, elles sont réparties de même entre les frères ou sœurs, « sauve le covert de l'astre, que remaynt al puné ou al punée, si come il est avan dist. » Ces mots : *covert* (couverture) *de l'astre*, et même celui *d'astre* tout seul, sont souvent employés par extension dans les plus anciens documents, pour désigner la principale habitation entière. Toutefois d'après la coutume de Kent, ce privilège n'appartenait au puîné que sauf récompense réglée par arbitres [2].

C'est dans un document judiciaire du siècle suivant (de la première année du règne d'Edouard III), qu'est employé pour la première fois, comme terme local désignant le privilège du puîné, le mot *Bourgh-Engloyes*, dont on a fait *Borough-English*. On voit par ce document que, dans le comté de Nottingham, il existait deux modes de tenure, dits *Burg-Engloyes et Burgh-Frauncoyes*, que c'était le puîné qui succédait à la tenure des héritages en *Burgh-Engloyes*, tandis que celle des autres était dévolue à l'aîné suivant la loi commune. Cette distinction existait encore au commencement du dix-huitième siècle. Le privilège du puîné s'est également maintenu, çà et là jusqu'à nos jours, avec force restrictions et variantes, dans un grand nombre de localités anglaises et jusque dans la banlieue de Londres ; — mais principalement dans le Sussex, où l'on comptait encore récemment 140 *manors* (domaines) plus ou moins considérables, où les successions étaient dévolues conformément à cette coutume archaïque. Une des principales variantes portait sur l'admission des femmes à ce privilège. Dans quelques districts du Sussex, si le *de cujus* laissait des enfants de plusieurs femmes,

---

1. Cette phrase caractéristique, par laquelle se termine le plus ancien manuscrit, n'a pas été reproduite dans les autres ni dans la version latine (*consuetudines kanciæ*, 1556).

2. « Que le puné face renable (raisonnable) gré à ces parceners de la partye que à eux appert par agard de bone gentz. »

l'héritier privilégié était le puîné issu du premier mariage, ou à défaut d'enfants mâles la dernière fille, sauf pour les biens acquis pendant un mariage subséquent, qui revenaient au plus jeune des enfants nés de cette union.

Il n'existe aucun vestige du *Junior-Right* en Irlande ni en Ecosse, sauf dans les îles Shetland, où il est d'usage, dans les partages de successions, que l'habitation principale soit attribuée au dernier né, de l'un ou de l'autre sexe.

II. Ce droit de *Juveignerie* a existé en Bretagne à une époque reculée, dans toute son étendue probablement primitive, c'est-à-dire s'exerçant, non pas seulement sur l'habitation principale, mais sur l'héritage entier. Mais il fut énergiquement combattu, comme en Angleterre, par les règlements féodaux, tendant à faire prévaloir le privilège absolument contraire de l'aînesse. Aussi c'est avec une répugnance et un dédain visibles que le *Coutumier général* mentionne la persistance du droit de puîné dans les usances de quelques cantons. Suivant celle de *Quévaise*, « l'homme laissant plusieurs enfants légitimes, le dernier des mâles succède seul *au tout* de la tenue à l'exclusion des autres, et à défaut de mâles la dernière des filles.

Le même usage, connu sous le nom de *droit de Quévaise* (Quéven, près Lorient), parce que c'était là qu'il dominait encore généralement, persistait aussi dans quelques endroits du duché de Rohan et autres ; mais « journellement il s'altérait en droit convenancier. »

On a retrouvé aussi des vestiges de ce privilège, diversement modifié, dans la Picardie, l'Artois, le Ponthieu, la Flandre, le Hainaut, le Brabant, la Frise, sur les bords du Rhin et du lac de Constance, dans les Grisons, dans plusieurs localités de l'Europe centrale, etc. Il était connu, dans les pays de langue flamande, sous le nom de *Madelstad* ou droit de *Maineté* (manoir). Son étendue, et son mode d'exercice, variaient singulièrement dans la pratique. Suivant les coutumes de Lille, Saint-Omer et Cassel, par exemple, le fils puîné ou *mainé* (ou la fille) avait droit, en faisant récompense, de prendre l'habitation principale ; ou, s'il n'y en avait qu'une seule, la *maîtresse chambre* et les dépendances principales ; fournil, colombier, *porchil*, etc. Ailleurs, nous retrouvons en faveur du puîné un droit de préciput mobilier ; le choix de *trois* pièces de ménage », qui semble une dérivation du privilège primitif sur le soc, le chaudron et la coignée.

A propos de l'exercice de ce droit de *maineté* dans la Frise orientale, M. Elton cite un texte curieux de Wenckebach, légiste allemand, auteur du *Jus Theelacticum redivivum* (1759). A cette époque, ce droit était pratiqué là d'une façon toute particulière, évidemment très ancienne. Ceux des biens du défunt qui lui étaient échus par héritage (Erbtheelen) étaient dévolus au puîné ; mais ses frères avaient droit d'en réclamer leur part proportionnelle, s'ils étaient mariés ou venaient à se marier plus tard. Quant aux acquêts (Kauftheele), ils étaient partagés de suite entre tous les fils.

Sur le territoire du ci-devant royaume de Westphalie, où cet usage était très répandu, il a disparu, ainsi qu'en Alsace, par suite de l'introduction du code civil français. Là, et dans d'autres contrées de l'Allemagne, le puîné avait la saisine de l'héritage entier ; c'était lui qui faisait le partage. Il paraît même que, nonobstant les lois modernes, cette coutume existe encore dans quelques parties reculées du Wurtemberg et de la Silésie.

Dans l'Odenwald et sur la rive nord du lac de Constance, il est encore d'usage aujourd'hui, que, lors du partage d'une succession, les biens dits *Hofgüter*[1] soient attribués intégralement au fils puîné ; et à défaut d'héritiers mâles, à l'*aînée* des filles.

On ne trouve aucune trace du *Junior-Right* ou *Jüngsten-Recht* dans la presqu'île scandinave, non plus qu'en Danemark, excepté dans l'île de Bornholm. Mais, en avançant dans l'est, on en découvre des vestiges de plus en plus récents et nombreux, d'abord parmi les populations finnoises des bords de la mer Blanche et de la Baltique, dans la Finlande, la Livonie, l'Esthonie, etc. Aujourd'hui encore, chez les *Vêspes*, qui habitent sur les bords des lacs Ladoga et Onéga, « le père de famille a le droit d'instituer pour son héritier n'importe lequel de ses fils, *mais la maison doit toujours appartenir au plus jeune* ». Il en est de même dans un grand nombre de bourgades et de villages hongrois. Plus loin, en rencontre de toutes parts cette coutume, existant encore ou n'ayant cessé d'exister que depuis peu, chez les montagnards de l'Oural, de l'Altaï ; et généralement parmi les populations disséminées dans l'immense espace qui sépare l'Amour du Volga. Or, les dernières découvertes de l'anthropologie et de l'ethnologie, ont mis à peu près hors de doute l'identité d'origine de ces populations, comme celle des Finnois d'Europe, leurs congénères, avec les hommes de l'âge de bronze qui avaient envahi l'Europe occidentale sur ceux de la période antérieure (*néolithique*), et qui l'ont été à leur tour par ceux d'origine aryenne[2]. Les localités, capricieusement disséminées en Allemagne, en Gaule et dans la Grande-Bretagne où s'est conservé plus ou moins longtemps le droit de Juveignerie seraient celles où des descendants des hommes de l'âge de bronze avaient survécu à la conquête.

1. C'est l'équivalent des « court *(curtis)*, clos et jardin », que la coutume de Normandie attribuait au contraire à l'aîné par préciput.

2. D'après les données actuelles de la paléontologie, les hommes du premier âge de pierre *(paléolithique)*, sauvages nomades qui n'avaient peut-être d'humain que la structure anatomique, ont entièrement disparu dans un cataclysme. Il n'en a pas été de même de ceux de l'âge suivant *(néolithique)*, dont on retrouve les ossements et les ustensiles dans les cavernes et les gisements lacustres. Entre cet âge et celui du bronze, il n'y a pas eu de cataclysme, et un certain nombre de descendants des hommes néolithiques ont pu survivre aux invasions subséquentes. L'anthropologie a constaté une grande analogie de conformation entre ces hommes, les Esquimaux et les habitants de certains cantons reculés de l'Angleterre, où l'on trouve aussi des noms de lieux qui ne dérivent d'aucun idiome connu. M. Elton en conclut fièrement que les Anglais pourraient bien être, en partie, d'origine néolithique. C'est peut-être à cette dérivation qu'ils doivent leurs qualités bien connues de ténacité, de fermeté ! Pour nous, Français, notre mobilité, notre inconsistance en bien des choses plus ou moins graves, disent assez que nous n'avons pas dans les veines de sang néolithique !

M. Elton croyait aussi retrouver une réminiscence de cette coutume séculaire ou plutôt millenaire, dans les féeries où le héros est souvent le puîné de la famille. A ce compte, la légende du Petit Poucet, qu'on a retrouvée jusque chez les Zoulous, serait d'origine préhistorique.

III. En regard de cette investigation du *Junior-Right*, l'écrivain anglais retrace incidemment à grands traits l'historique du droit d'aînesse. Ce sujet est plus connu, et a été traité plus souvent. Aussi nous nous bornerons à relever quelques particularités intéressantes dans cette partie du travail de M. Elton.

Ce qu'il dit du caractère primitivement sacerdotal de ce droit est emprunté, comme il le reconnaît loyalement, à la *Cité antique* de M. Fustel de Coulanges. Ce caractère est nettement formulé dans les lois de Manou (IX, w. 105-7 et 126). D'après ces textes, la mission essentielle du premier né, le grand but de son existence, est l'accomplissement des rites du culte familial, la récitation des prières et l'offrande des gâteaux funèbres. Aussi, « tout homme doit respecter son frère aîné, l'aîné de la famille, à l'égal du père. » C'est en vertu de cette prééminence qu'à la mort de celui-ci, la question du patrimoine est atribuée au premier-né jusqu'au partage[1].

Suivant un éminent juriste anglais, sir Henry Maine, il y a une distinction à faire entre cette conception essentiellement religieuse du droit d'aînesse chez les Aryens primitifs, et le développement civil (*laïque*, dirait-on aujourd'hui) des avantages attachés ultérieurement à ce droit par les coutumes et les institutions féodales. L'attribution par privilège à l'aîné, de tout ou partie de l'héritage paternel, était inconnue des Grecs et des Romains. On n'en trouve aucun vestige dans les provinces de l'Empire avant les invasions.

Du cinquième au treizième siècle, des textes nombreux attestent l'existence de ce privilège dans la Grande-Bretagne, les Gaules celtique et belgique, mais avec des variantes considérables. L'un des plus anciens est un passage de *La vie de saint Benoît*, par Bède, qui atteste que dès cette époque l'aîné de la famille jouissait chez les Northumbres, de certains privilèges dans la succession paternelle. C'était lui qui faisait les partages, et de plus il avait le droit de retenir par devers lui comme préciput (*principium*) certains objets mobiliers. Dans des recueils de coutumes locales également antérieures à la conquête, on retrouve cette disposition, et de plus l'indication des objets sur lesquels portait ce préciput, comme le meilleur lit, la meilleure charrue, et généralement ce qu'il y avait de mieux dans la maison paternelle en fait de mobilier. Aucun de ces vieux textes ne mentionne l'usage du préciput immobilier, qui existait déjà de l'autre côté de la Manche.

---

1. Il est important de rappeler ici que ce culte des ancêtres n'était pas particulier aux Aryens. On le trouve établi, de temps immémorial, chez les peuples de la race jaune, notamment chez les Chinois, et il semble avoir existé, comme on va le voir, à une époque encore plus reculée. Il y a là un argument en faveur de l'opinion d'une origine commune, opinion très battue en brèche, mais non pas détruite.

En Normandie, par exemple, « le fils aisné, au droit de son aisnesse, pouvoit prendre et choisir par précipu tel fief ou terre noble que bon lui semblait... que s'il n'y avait en toute la succession qu'un seul manoir, ce qu'on appelait anciennement *Hébergement, Lieu Chevels* ou *Chefs d'héritage*, l'aisné pouvait, avant que faire lots et partages, déclarer en justice qu'il le retenait avec la court, clos et jardin, en baillant récompense à ses puinés. » (*Coutume de Normandie*, 337 et 356.) Ce privilège était encore plus étendu dans la Gaule belgique, qui s'étendait alors jusqu'à la Seine, et comprenait ainsi, non seulement la Picardie, mais le pays de Caux. Là, « le manoir et pourpris demeurait en son intégrité au profit de l'aîné, *sans qu'il pût en être disposé à son préjudice, ni qu'il fût tenu à en faire récompense.* » Cette dérivation de la coutume teutonique primitive de la transmission à l'aîné des biens allodiaux, se conserva intégralement dans le pays et bailliage de Caux, après sa réunion à la Normandie.

Après la conquête de l'Angleterre, les rois Normands et Plantagenets y donnèrent plus d'extension au droit d'aînesse. Tous les fiefs tenus *per serjentiam vel per servitium militare*, furent déclarés transmissibles par ordre de primogéniture, et sans récompense aucune aux autres fils du défunt. Le préambule d'une très curieuse charte, datée de la première année d'Edouard Ier, est une sorte d'exposé des motifs de cette disposition. « Elle avait un double but, pourvoir à la réfection des ressources militaires du royaume et à l'alimentation publique (*ad magnum regni subsidium et ad victum multorum*), compromises par l'extrême division des héritages, qui résultait des anciennes coutumes. « Mieux valait concentrer la propriété des terres en un petit nombre de mains, afin d'éviter ce fractionnement en parcelles insuffisantes pour nourrir leurs propriétaires. » Sous ce beau prétexte d'intérêt public, on voulut même étendre cette transmission exclusive à l'aîné aux biens des petits propriétaires cultivateurs libres. Mais cette fois, on rencontra presque partout une résistance invincible à l'abolition du vieux principe d'égalité des partages, conforme à la coutume d' « avant le conquest ». Aussi Bracton, légiste du treizième siècle, expliquait comme il suit les règles de la dévolution de ces héritages, telle qu'elle s'opérait de son temps :

« Si un propriétaire libre meurt laissant plusieurs héritiers, il faut distinguer si l'héritage a toujours été partagé ou non suivant l'ancienne coutume (*ab antiquo divisa*). Dans le premier cas, il sera réparti par portions égales entre tous les héritiers. Toutefois, s'il n'y a qu'une seule habitation (*messuagium*), elle appartiendra à l'aîné, sauf récompense. Dans le cas contraire (si l'héritage vacant a cessé d'être partagé suivant la coutume ancienne), il appartiendra tout entier à l'aîné. Toutefois, s'il s'agit d'un bien rural, il faudra avoir soin de se conformer à l'usage local ; car *dans bien des endroits le puiné est préféré à l'aîné* [1]. »

1. On trouvera dans l'ouvrage de M. Elton (p. 206 et 207) le texte original de Bracton et celui d'un autre jurisconsulte à peu près du même temps, Glenville, qui dit la même chose avec plus de développement.

Ceci nous ramène à l'objet principal de cette Etude, et concourt à prouver qu'un siècle après la rédaction du coutumier de Kent cité précédemment (v. ci-dessus § 2), le *Junior-Right* (*Burg-Engloyes*) était encore en vigueur sur bien des points, surtout dans les campagnes.

IV. Sur l'origine de ce droit, on n'a encore que des inductions, des hypothèses plus ou moins plausibles. Ces pratiques contradictoires de l'aîné et du puîné ne peuvent émaner que de deux races profondément dissemblables et antipathiques. Pourtant M. Elton croit entrevoir, entre ces lignes si divergentes, un point de contact initial. Il pense que c'est aussi dans une sorte de religion domestique, de respect superstitieux des ancêtres et du foyer, mais compris tout différemment, qu'il faut chercher la cause de la préférence accordée au puîné. Le titre de *gardien du foyer* qu'il avait chez les Mongols, vient à l'appui de cette conjecture. Mais, pour expliquer cette préférence, il faudrait savoir en quoi consistait son office, la garde du foyer. Sur ce point, les renseignements positifs font défaut, et M. Elton est forcé de convenir « qu'il est impossible de démontrer qu'il ait existé, dans les temps historiques, une race pratiquant cette religion du foyer, sans reconnaître la prééminence naturelle de l'aîné de la famille. »

Toutefois, cette énigme préhistorique n'est peut-être pas insoluble. Comme le fait remarquer l'écrivain anglais, il y a bien peu de temps que l'on a commencé à s'occuper sérieusement des peuplades disséminées entre l'Amour et le Volga, et spécialement de celles des monts Oural et Altaï; — de leur identité très probable avec les hommes de l'âge du bronze; — de leur communauté d'origine non moins vraisemblable avec les Finnois du nord de la Russie; — des émigrations finnoises dans l'Europe occidentale. Sur ce terrain encore presque inexploré, il reste encore bien des découvertes à faire. « Si l'on parvient, dit M. Elton, à obtenir des renseignements certains sur l'histoire de ces peuples, sur l'influence qu'ont exercée leurs coutumes, leur langage sur les nations relativement modernes de l'Europe, on arrivera peut-être en même temps à démontrer que, chez eux, la situation privilégiée du puîné était une conséquence de leurs institutions primitives, de même que chez les Aryens la prééminence de l'aîné dérivait de son sacerdoce domestique. »

Il indique ensuite diverses pratiques et croyances superstitieuses évidemment très anciennes, dont on pourrait dès aujourd'hui tirer des inductions relativement au *Junior-Right*. C'est une des parties des plus neuves et des plus curieuses de ce travail.

Il considère comme la forme la plus archaïque de la religion ou superstition du foyer, la croyance aux farfadets ou lutins, esprits familiers de la maison, croyance encore générale aujourd'hui chez des peuplades où s'est conservé le droit du puîné, comme les Baschkirs, les Vêspes, les *Vôtes* du côté de Novogorod, etc. Ce lutin ami se tient derrière le poêle. Si on laisse tomber du foin dans le feu, il l'éteint. Quand on construit une maison nouvelle, on l'invite à s'y installer. A cet effet, on transporte de la cendre du poêle dans la nouvelle maison, où il faut entrer du pied droit, en jetant un pain dans la salle. Puis on y fait entrer un coq; s'il chante, c'est que le lutin est installé, et prêt à reprendre son office de protection. Cette croyance finnoise, dont le culte des Dieux Lares, emprunté par Rome à l'Etrurie, pourrait bien être une dérivation lointaine, a été retrouvée dans bien des localités de l'Europe, jusqu'en Ecosse. On sait quel parti Nodier en a su tirer dans son *Trilby*, « le lutin d'Argail. »

M. Elton fait remonter aussi aux temps préhistoriques où florissait le *Junior-Right*, la croyance au pouvoir magique de certaines plantes, croyance qui est à la médecine ce qu'est l'alchimie à la chimie. De cette superstition végétale (*plant-superstition*), qui existe encore chez les Finnois, dérive le culte de la mandragore, qui s'est maintenu si longtemps dans le moyen-âge et même au delà parmi les nations chrétiennes, malgré les défenses ecclésiastiques. On croyait qu'un esprit familier résidait dans cette plante adventice à larges feuilles et à fleurs jaunes, dans la racine de laquelle on retrouve, en y mettant beaucoup de bonne volonté, quelque ressemblance avec la forme humaine. Mais pour évoquer cet esprit, il fallait que la plante fût recueillie sous un gibet, transportée à domicile avec un cérémonial particulier, soigneusement serrée et conservée. Alors l'esprit familier ou lutin de la mandragore se manifestait *par des chants;* il rendait des oracles et portait bonheur au logis. Cette superstition était encore très répandue en France au quinzième siècle. Dans l'interrogatoire de Jeanne d'Arc, on trouve cette question : « Si elle avait eu autrefois une mandragore, et quel usage elle en avait fait? » Elle répondit vivement qu'elle n'en avait jamais eu, sachant que c'était une chose mauvaise et défendue par l'Eglise.

C'est la superstition ancienne de la mandragore qui a donné lieu à celles plus récentes de la *Fée Magloire* et de la *Main de Gloire*, par suite d'une méprise des derniers magiciens, lesquels n'étaient pas sorciers en grammaire. La « mandragore qui chante », dépouillée de son appareil sinistre, joue un grand rôle dans la *Fée aux Miettes*, une de ces charmantes fantaisies de Nodier qu'on relit toujours avec plaisir, tandis que c'est déjà trop de lire une fois certaines productions modernes :

> C'est moi! c'est moi!
> Je suis la mandragore,
> La fille des beaux jours qui s'éveille à l'aurore
> Et qui chante pour toi!

V. Jusqu'ici, dans ces vestiges frustes de superstitions archaïques, nous n'avons rien aperçu de directement relatif au *Junior-Right*. Il n'en est pas de même d'une autre pratique très commune en Allemagne pendant le moyen âge et même plus récemment, comme on va le voir. C'était le culte d'idoles domestiques, grossière représentation d'une forme humaine dans des proportions minuscules, ou, si l'on veut, de la racine de mandragore, et considérées comme la personnification de l'esprit familier de cette plante ou du foyer. Ces figures étaient nommées tantôt *Galgen-Mannlein*, mannequin de potence, en souvenir de l'endroit où l'on allait chercher la plante magique ; tantôt *Erdmanneken*, mannequin ou figure de gnome. C'est sous ce dernier nom qu'il en est question dans une lettre très curieuse en vieil allemand, empruntée par M. Elton à l'*Histoire de la Magie* de Kreysler, qui l'avait publiée d'après l'original.

Cette lettre a été écrite à Leipzig, dans les derniers jours de l'année 1575, par un homme évidemment riche et intelligent, sauf sous le rapport de la magie ; —habitant Leipzig, mais livonien d'origine. Elle était adressée à son frère, propriétaire cultivateur en Livonie, et fort tourmenté dans ce temps-là d'une maladie grave de son petit-fils, et aussi d'une épidémie qui sévissait sur ses bestiaux. De guerre lasse, il s'était imaginé que le plus sûr moyen de conjurer le mauvais sort, était de se procurer à tout prix un *Erdmanneken*. Il avait donné cette commission à son frère, qui parait trouver la chose toute naturelle : « Je viens, écrivait-il, de me donner bien de la peine pour ton affaire. J'ai fait bien des démarches auprès de diverses personnes qui possédaient de ces talismans. Finalement j'ai traité avec le bourreau de la ville pour 64 thalers, plus un habillement pour son valet. » Cette idole avait sans doute figuré comme pièce probante dans quelque ancien procès de sorcellerie et coûté la vie à son propriétaire, ce qui ne témoignait pas de l'efficacité du talisman. L'auteur de la lettre annonçait l'envoi du précieux objet par un messager de confiance « comme cadeau de jour de l'an, », et indiquait la manière de s'en servir : « Tu le laisseras reposer pendant trois jours. Puis, baigne-le dans l'eau chaude ; asperge ensuite avec l'eau du bain ton bétail et toutes les chambres de ta maison, et sois sûr que toutes tes affaires prendront bientôt meilleure tournure, et que ton petit-fils guérira, *si Dieu le permet*. Mais, pour que l'heureuse influence de l'*Erdmanneken* soit durable, il faut en avoir bien soin, le baigner quatre fois par an, et chaque fois lui remettre sa housse de soie, et le serrer dans ta garde-robe avec tes meilleurs vêtements, etc. »

Or, il est prouvé par des documents judiciaires et autres, qu'à la mort du possesseur d'une semblable idole, elle passait, s'il laissait plusieurs enfants mâles, *entre les mains du puîné*, à la condition de faire enterrer avec le défunt un morceau de pain et une pièce de monnaie. En cas de prédécès du puîné, l'idole devenait la propriété de celui des frères survivants qui était assez adroit pour la découvrir, et il pouvait compter sur sa protection, pourvu qu'il accomplît pour le puîné prédécédé le même rituel funèbre.

M. Elton a fait preuve d'une rare sagacité d'investigation et d'induction en signalant, le premier, la corrélation de cette pratique superstitieuse avec le *Junior-Right*. Sans doute, nous sommes ici en présence d'un paganisme hybride, d'une sorte de *détritus* d'idolâtries de provenances diverses. La pièce de monnaie enterrée avec le défunt, par exemple, est une réminiscence évidente de l'obole due à Charon pour le passage du Styx. Mais il en est autrement de la dévolution par préférence de l'idole au fils puîné, dont on ne trouve aucun exemple dans les mythologies des temps historiques. Il y a là une trace non équivoque d'une tradition antérieure. On entrevoit que l'investiture de ce pouvoir mystérieux devait assurer au puîné une certaine influence sur ses frères, être pour lui souvent une protection, une sauvegarde.

VI. Ceci n'est pas encore assurément le grand jour, mais c'est déjà un commencement de crépuscule. Peut-être allons-nous obtenir encore un peu plus de clarté, par la recherche des *causes morales* qui ont pu déterminer, dans ces temps reculés, l'établissement de ce droit de *Juveignerie*. M. Elton considère comme la plus probable l'opinion d'un savant jurisconsulte anglais, M. Littleton. Celui-ci pense que cette attribution de la demeure ou de la chambre principale, etc., au puîné, a dû être établie à l'origine, afin de pourvoir à la subsistance et à l'entretien de ce dernier né, qui, à la mort du père, n'est souvent encore qu'un enfant hors d'état de s'aider lui-même. Il explique aussi avec beaucoup de vraisemblance comment cette coutume a pu se conserver longtemps dans les pays de petite culture, où les pères de famille faisaient souvent de grands sacrifices pour établir leurs aînés. Il en résultait qu'à la mort du père, l'héritage se trouvait considérablement réduit, et que le préciput accordé au plus jeune par la coutume n'était, en fait, qu'un retour à l'égalité et non un privilège.

On comprend, *à fortiori*, que la nécessité de cette coutume protectrice ait été plus vivement sentie à une époque barbare, où bien souvent le nouveau né devait être encore enfant, attendu que les morts violentes et prématurées étaient bien plus fréquentes qu'aujourd'hui, les hommes étant incessamment occupés soit à guerroyer entre eux, soit à des chasses aussi meurtrières que la guerre; — chasses d'animaux tels que le *Bos primigenius*, l'Aurochs, le Mammouth ; — dans lesquelles le rôle du gibier était fréquemment interverti.

En se plaçant à ce point de vue des plus rétrospectifs, on doit rendre hommage au génie bienfaisant du précurseur inconnu de Moïse et de Zoroastre, qui aurait eu la première idée de cette loi protectrice, assurant au puîné « le vivre et le couvert », stipulant en sa faveur l'inaliénabilité et l'héritage privilégié des trois objets indispensables à sa défense et à sa subsistance, la hache, le soc, la marmite; — objets dont les aînés étaient déjà pourvus s'ils avaient leur établissement ailleurs, et que dans tous les cas ils pouvaient se procurer plus facilement que lui.

Il est fort possible aussi que l'attribution au puîné de la plante ou de l'idole qui était censée le mettre en rapport avec les Esprits, ait suivi de près l'institution du privilège civil; — qu'elle en ait été le corollaire et la sanction. Qui sait si la dévolution également privilégiée de ce prestige magique n'était pas une garantie contre l'abus de la force à cette époque primitive? Elle a pu préserver plus d'un Abel de la férocité jalouse de plus d'un Caïn. Les plus farouches aînés respectaient le privilège de leur jeune frère, de peur d'irriter les puissances invisibles.

Par ces inductions, qui dérivent logiquement des données du savant anglais, et qui, croyons-nous, n'ont rien de trop téméraire, nous arrivons, non à une conclusion positive, mais à rassembler quelques-uns des éléments d'une solution, que des découvertes ultérieures pourraient bien confirmer.

Fontainebleau. — E. Bourges, imp. breveté.

PETITE ENCYCLOPÉDIE JURIDIQUE

Sous ce titre, nous publions une série de volumes in-18 jésus dans lesquels toutes les matières de Droit civil, pénal, commercial et administratif se trouveront traitées, à un point de vue essentiellement pratique, et sous forme de manuels se vendant séparément. Cette collection formera un véritable **Répertoire général du Droit**, tenu constamment au courant de la législation et de la jurisprudence les plus récentes.

Voici la liste des ouvrages déjà parus :

Code des Théâtres, contenant un exposé des principes juridiques, le texte des principaux décrets, circulaires et règlements, etc., par CHARLES CONSTANT, avocat à la cour de Paris, 1882, 2e édition, 1 vol. 3 50

Code de la Chasse et de la Louveterie, commentaire de la loi du 3 mai 1844, modifiée par celle du 22 janvier 1874; traité sur la louveterie, etc.; par P. LEBLOND, avocat à la cour de Rouen. 1878, 2 vol. 6 »

Code municipal ou Manuel des conseillers municipaux, contenant l'exposé de la législation municipale et les solutions pratiques des questions qui peuvent intéresser les communes et les conseillers municipaux, par AMBROISE RENDU, avocat à la cour de Paris. 1879, 2 vol. 6 »

Code de l'Officier de l'état civil, avec tables et formules, par A. ADDENET, ancien procureur de la République. 1879, 1 vol. 3 50

Code des Propriétaires de bois et forêts, locataires de chasses; de leur responsabilité par suite des dégâts causés par le gros et le petit gibier; par M. FRÉMY, juge suppléant à Senlis. 1879, 1 vol. 2 »

Codes de la Propriété industrielle, Manuels pratiques des législations française et étrangères à l'usage des inventeurs et des fabricants, par AMBROISE RENDU, avocat à la cour de Paris :

    Brevets d'invention. 1879, 1 vol. 3 50

    Contrefaçon des inventions brevetées. 1880, 1 vol. 3 50

    Marques de fabrique. 1880, 1 vol. 3 50

Code départemental ou Manuel des conseillers généraux et d'arrondissement, commentaire pratique de la loi du 21 août 1871, et des lois relatives à l'administration départementale, au budget, à l'instruction publique, etc., par CHARLES CONSTANT, avocat à la cour de Paris. 1880, 2 vol. 7 »

Code des Règlements d'Ordres, soit amiables, soit judiciaires et des collocations des créanciers, par A. ULRY, juge chargé des ordres à Guéret. 1881, 2 vol. 7 »

Code des Réunions publiques, électorales et privées. Commentaire pratique de la loi du 30 juin 1881, par CH. CONSTANT, avocat à la cour de Paris. 1881, 1 vol. 2 »

Code des Établissements industriels, contenant la législation et la jurisprudence concernant les ateliers dangereux, insalubres ou incommodes, etc., par CH. CONSTANT, avocat à la cour de Paris. 1881, 1 vol. 3 50

Code des Juges de paix, considérés comme officiers de police judiciaire, auxiliaires du procureur de la République et délégués du juge d'instruction, par A. SCOHYERS, ancien avoué, juge de paix du canton de Courville. 1881, 1 vol. 2 »

Code rural, régime du sol, police rurale, régime des eaux, etc.; par P. DE CROOS, avocat à Béthune. 1882, 2 vol. 7 »

Code électoral, formation et revision annuelle des listes électorales, d'après la jurisprudence de la cour de cassation, par E. GREFFIER, conseiller à la cour de cassation. 1882, 1 vol. 3 50

Code des Chemins vicinaux et des Routes départementales, par A. GISCLARD, ancien conseiller de préfecture, avocat à Périgueux. 1882, 2 vol. 7 »

Code des Chemins de fer d'intérêt local, par le même auteur. 1882, 1 vol. 3 »

Code de la Presse, commentaire de la loi du 29 juillet 1881, par C. BAZILLE, avocat à la cour de cassation, et CH. CONSTANT, avocat à la cour de Paris. 1883, 1 vol. 4 »

Code des Transports de marchandises par chemins de fer, par L.-J.-D. FÉRAUD-GIRAUD, conseiller à la cour de cassation. 1883, 2 vol.